Schelling

Coleção **PASSO-A-PASSO**

CIÊNCIAS SOCIAIS PASSO-A-PASSO
Direção: Celso Castro

FILOSOFIA PASSO-A-PASSO
Direção: Denis L. Rosenfield

PSICANÁLISE PASSO-A-PASSO
Direção: Marco Antonio Coutinho Jorge

Ver lista de títulos no final do volume

Leonardo Alves Vieira

Schelling

ZAHAR

Capa
Sérgio Campante

CIP-Brasil. Catalogação na fonte
Sindicato Nacional dos Editores de Livros, RJ

V716s
Vieira, Leonardo Alves
Schelling / Leonardo Alves Vieira. — 1ª ed. — Rio de Janeiro: Zahar, 2007.
(Passo-a-passo; v.74)

Inclui bibliografia
ISBN 978-85-7110-976-6

1. Schelling, Friedrich Wilhelm Joseph von, 1775-1854. 2. Filosofia alemã. I. Título. II. Série.

07-0098
CDD: 193
CDU: 1(43)

EDITORA SCHWARCZ S.A.
Praça Floriano, 19, sala 3001 — Cinelândia
20031-050 — Rio de Janeiro — RJ
Telefone: (21) 3993-7510
www.companhiadasletras.com.br
www.blogdacompanhia.com.br
facebook.com/editorazahar
instagram.com/editorazahar
twitter.com/editorazahar

FSC
www.fsc.org
MISTO
Apoiando o manejo florestal responsável
FSC® C128038

A marca FSC® é a garantia de que a madeira utilizada na fabricação do papel deste livro provém de florestas que foram gerenciadas de maneira ambientalmente correta, socialmente justa e economicamente viável, além de outras fontes de origem controlada.

Esta obra foi composta por TopTextos Edições Gráficas em Minion e Frutiger e impressa em processo sob demanda pela Um Livro sobre papel offset para a Editora Schwarcz a partir de 2024

Sumário

Introdução

Os estudiosos de filosofia pensam geralmente em Kant e Hegel quando o tema é idealismo alemão. A grandiosidade das filosofias desses autores, suas múltiplas e poderosas influências, bem como a interpretação hegeliana das filosofias de Kant, Fichte e Schelling como "suprassumidas" pelo seu próprio pensamento, entre outras razões, fizeram com que as obras de Fichte e Schelling passassem a um segundo plano, uma espécie de ponte, a ser rapidamente transposta, entre seus dois extremos. No caso de Schelling, a avaliação é ainda mais agravada, de um lado, pela pecha de obscurantista e irracionalista associada ao seu pensamento, de outro, pelas várias fases de sua filosofia.

Ora, um juízo ponderado e maduro sobre o pensamento de Schelling só pode ser levado a efeito através de uma leitura atenta e cuidadosa de sua obra. Um tal empreendimento é, infelizmente, bastante dificultado, uma vez que o material em língua portuguesa de e sobre Schelling é bastante escasso. Uma investigação mais aprofundada sobre sua filosofia requer, portanto, o aprendizado do alemão, no caso ideal, ou de uma ou mais línguas estrangeiras, nas quais seus textos foram vertidos. Mais um motivo para encerrar seu pensamento na clausura de rótulos que não fazem justiça à complexidade de sua obra.

Este livro pretende ser um convite àquela leitura atenta e cuidadosa acima aludida. Percorrendo várias fases de seu desenvolvimento filosófico, dentro dos limites de um texto introdutório, refere-se a algumas teses de Schelling, de tal forma que elas possam dar uma visão geral de seu pensamento, estimulando seu estudo, permitindo o contato direto com sua obra e, finalmente, contribuindo para a avaliação criteriosa e equilibrada de suas teses.

Vida

Friedrich Wilhelm Joseph Schelling nasceu em Leonberg, cidade próxima a Stuttgart, no ducado de Württemberg, no dia 27 de janeiro de 1775. Filho de Gottliebin Marie e do pastor Josephus Friedrich Schelling, cresceu em ambiente de forte influência intelectual e religiosa propícia ao desenvolvimento de seu talento. A genialidade de Schelling se manifestou desde a infância com o aprendizado de línguas antigas e modernas. Em outubro de 1790, obtendo uma permissão especial, pois ainda não havia completado 18 anos, foi admitido no Seminário Teológico de Tübingen, instituição encarregada de formar os quadros do Estado, da Igreja e do sistema educacional do ducado, onde encontrou Hegel e Hölderlin, com quem partilhou muitas idéias.

A instituição proporcionava o ingresso na universidade, através de bolsas de estudo, aos talentosos filhos de famílias pobres. Eles estavam, contudo, submetidos a uma disciplina bastante severa imposta pelo duque Karl Eugen, o qual governou Württemberg de forma absolutista até 1793, quando a assembléia do ducado, por meio de uma constituição, conseguiu refrear seu arbítrio. Não por acaso a Revolução Francesa teve para eles o significado de um movimento de libertação de vários entraves pertencentes a um mundo que resistia bravamente à sua derrubada. Celebraram a revolução, entre outras atividades, cantando a marselhesa e plantando uma árvore. O clima de júbilo entre os estudantes chegou a tal ponto que Karl Eugen se viu obrigado a viajar a Tübingen para reprimir tais manifestações.

Do ponto de vista filosófico, eles procuravam fugir da ortodoxia através de leituras de Kant e Espinosa. Elas formaram a base do empreendimento filosófico contra a tentativa da ortodoxia do seminário de lançar mão da crítica kantiana para paradoxalmente legitimar os dogmas religiosos. Além dos textos escritos para os exames dos cursos de filosofia e teologia, Schelling redigiu, ainda como estudante, textos que o aproximavam filosoficamente de Fichte (1761-1814).

Com o fim dos estudos universitários, Schelling seguiu a carreira destinada a boa parte dos egressos do seminário: tornou-se professor particular (*Hauslehrer*) junto à família dos jovens barões Von Riedesel. Agraciado pelo destino, acompanhou os jovens barões nos estudos na Universidade de Leipzig e pôde, então, adicionar a seus escritos sobre a filosofia da subjetividade uma série de trabalhos sobre a filosofia da natureza, de tal forma que estava caminhando rapidamente para encontrar a unidade entre as ciências da natureza e do espírito. Maravilhados com sua genialidade, Fichte, Schiller e Goethe conseguiram-lhe uma vaga de professor extraordinário na Universidade de Jena, então centro da vida intelectual alemã. Trabalhando ao lado de Fichte, fez contato também com o círculo dos românticos em torno dos irmãos Schlegel, Friedrich von Schlegel e August von Schlegel, tornando-se um dos expoentes do Romantismo.

A carreira intelectual de Schelling é marcada por três grandes polêmicas: com Fichte, Jacobi e Hegel. O distanciamento filosófico das teses de Fichte — o qual já havia abandonado Jena em virtude da acusação de ateísmo e um distanciamento apoiado por Hegel, chamado a Jena em 1801 graças à intervenção do próprio Schelling e atuando como seu assistente e escudeiro filosófico — deveu-se ao fato de que, para Schelling, Fichte transformava a natureza (o não-eu) em instrumento das ações do sujeito. Mais tarde, em Munique, ele vivenciou sua polêmica contra Jacobi, então presidente da Academia das Artes Plásticas e seu superior hierárquico. Em seu texto de 1811, *Das coisas divinas e sua revelação*, Jacobi considerava o pensamento de Schelling uma deificação da natureza — acusando-o, portanto, de espinosismo —, a qual esmagava a liberdade humana, apagando, logo, as diferenças entre o bem e o mal. Um ano depois, Schelling procurou refutar as críticas demonstrando a compatibilidade entre liberdade e necessidade, o infinito e o finito.

Hegel tinha sido incumbido de desenvolver a filosofia do espírito, enquanto Schelling concentrava-se na filosofia da natureza. A saída de Schelling de Jena e o desenvolvimento do pensamento de Hegel destruíram o plano original de trabalho filosófico conjunto. No prefácio à *Fenomenologia do espírito* (1807), Hegel interpretou o Absoluto tal como compreendido por Schelling como a noite na qual "todas as vacas são negras", e "a ingenuidade do vazio no conhecimento". Schelling contra-atacou, não imediatamente e através de uma publicação, mas em suas preleções privadas e na universidade. Elas foram posteriormente acolhidas na edição de suas obras e qualificam a filosofia do antigo discípulo como filosofia negativa, discurso abstrato e meramente lógico, puro a priori, incapaz de alcançar a vida efetiva.

Em sua vida particular, a estada em Jena foi decisiva. Cresceu uma forte afeição entre ele e Caroline Schlegel, esposa de August von Schlegel, que vivia, então, um casamento infeliz. O círculo dos românticos se desfez: Schelling e Caroline, quase 12 anos mais velha do que ele, casaram-se em 26 de junho de 1803. Diante de tal situação, Schelling aceitou o convite da universidade e junto com Caroline mudou-se para Würzburg (1804), então tornada parte integrante da Baviera. A feliz união chegou ao fim, seis anos depois, com a morte de Caroline. Três anos mais tarde, ele casou-se com Angelica Pauline Gotter com quem teve duas filhas e quatro filhos.

A publicação de *Investigações filosóficas sobre a essência da liberdade humana e os objetos a ela conexos*, em 1809, apresenta os primeiros traços da futuramente denominada filosofia positiva. Ela é aprofundada, no ano seguinte, com as *Preleções* (*Vorlesungen*) *privadas em Stuttgart*, leitura (*Lesung*) de texto sobre um determinado tema diante (*vor*) de um público interessado. Também em 1810, teve início a redação de *As idades do mundo*, que, com os outros dois títulos, são as obras mais representativas da primeira etapa da filosofia tardia, encerrada por volta de 1820.

Como professor ordinário, status não alcançado em Erlangen, ele volta a Munique tornando-se professor de filosofia do príncipe herdeiro e futuro rei da Baviera, Maximilian II. Completando o quadro favorável, assumiu a presidência da Academia de Ciências da Baviera, sucedendo a Jacobi. Em Munique e, mais tarde, em Berlim, amadureceu sua consciência acerca da filosofia positiva. Aproximou-se dos dogmas cristãos e afastou-se da concepção do Absoluto no estilo de Espinosa. Suas preleções sobre *Filosofia da mitologia*, *Filosofia moderna* — ambas iniciadas em Erlangen —, filosofia positiva e *Filosofia da revelação* testemunharam um outro aspecto da filosofia, que com a filosofia negativa ia formar o sistema completo da filosofia.

Quando, em 1841, aceitou o convite para ser professor ordinário da Universidade de Berlim, a vida de Schelling sofreu uma nova guinada. Sua missão era combater as "sementes do dragão", a filosofia de Hegel que havia se transformado no grande nome da filosofia alemã. Ele encontrou, já em sua primeira preleção na Academia de Ciências, um auditório seleto, integrado por, entre outros, Sören Kierkegaard (1813-55), Friedrich Engels (1820-95), Alexander von Humboldt (1769-1859) e Mikhail Bakunin (1814-76). A grande expectativa em torno de seu pensamento logo se desfez, visto que ele não foi bem acolhido pela maioria de seus ouvintes. A *Filosofia da mitologia* e a *Filosofia da revelação* não conseguiram produzir um vínculo com as grandes questões daquela época, permanecendo um tanto abstratas, estranhas e distantes de um mundo para o qual mitologia, revelação cristã e metafísica tornavam-se, para muitos intelectuais, bens culturais não mais condizentes com os novos tempos.

Schelling faleceu no dia 20 de agosto de 1854 em Bad Ragaz, na Suíça. Poucos meses depois, no dia 13 de dezembro de 1854, faleceu sua esposa, Pauline. Sob a direção do filho Karl Friedrich August Schelling, seguindo instruções do pai, foram publicadas, a partir de 1856, suas obras completas. Ao lado de outras edições completas e parciais produzidas no transcurso dos anos que nos separam de sua morte, está em andamento a edição histórico-crítica de sua obra — alguns volumes já foram publicados —, a cargo da Comissão Schelling da Academia Bávara de Ciências. Espera-se que essa edição possa publicar material de e sobre Schelling (tais como as cópias manuscritas de suas preleções) não levado em consideração pela edição promovida por seu filho.

As idéias

Tornou-se bem conhecida a afirmação de Hegel, segundo a qual "Schelling fez sua formação filosófica diante do público". Sua genialidade precocemente manifestada lançou-o ainda jovem perante um auditório que testemunhou sua evolução filosófica. Esse público-testemunha sofreu também uma grande variação: era bem mais amplo no período que se encerra em 1812 com o escrito contra Jacobi, uma fase que poderíamos qualificar como "exotérica", já que seu pensamento era publicado e acessível a um amplo círculo de interessados. Posteriormente, começa uma fase "esotérica", marcada por publicações de ocasião, palestras privadas e aulas ministradas em universidades, enfim, acessível a um público mais restrito em comparação com o período anterior.

Hegel, em seu comentário à filosofia de Schelling, aborda apenas seu pensamento inicial, já que morreu em 1831, antes da publicação das obras completas de Schelling, em 1856. Hegel reconhece, pois, que a exposição de seu pensamento é apenas a apresentação de "sua idéia geral", pois ele se encontra "no trabalho de sua evolução" e ainda não avançou "para o fruto maduro".

Schelling, por sua vez, identifica dois grandes momentos de sua carreira: o primeiro, da filosofia negativa; e o segundo, da filosofia positiva. Considera que são duas fases de uma mesma e única filosofia, e que sua obra não é constituída por membros dispersos e desconectados, mas um *todo único* em si mesmo *diferenciado*. Em seus textos tardios, Schelling evidencia estar bastante consciente de sua evolução filosófica, bem como do contexto histórico-filosófico onde atuava. Ao indicar as etapas de sua trajetória intelectual, por mais que tal divisão seja esquemática e um tanto simplificadora, ele nos fornece um fio condutor indispensável para penetrar em seu mundo conceitual. Adotarei aqui, portanto, a interpretação dada por ele mesmo à sua obra. Inicio com as duas fases do pensamento de Schelling: a filosofia negativa e, depois, a filosofia positiva. Cada uma delas será, por sua vez, subdividida em etapas: a primeira, em filosofia da subjetividade, filosofia da natureza e filosofia da identidade; e a segunda, em filosofia da liberdade e filosofia tardia.

Uma introdução ao pensamento de Schelling, obrigatoriamente, deixa de lado muitos temas de seu pensamento. É impossível tratar o amplo espectro temático do filósofo dentro desse contexto. Em virtude disso, concentrar-me-ei na temática das relações entre natureza e espírito. De um lado, ela mostra-se como um recorrente objeto das investigações do pensador; de outro, traz à tona uma questão de grande atualidade, principalmente em uma época em que as questões relativas à natureza e à inserção do ser humano nela são de fundamental importância. Aqui reside, sem dúvida, um forte elemento de atração exercido pela obra de Schelling junto aos pensadores contemporâneos.

Primeira fase

Filosofia da subjetividade. As primeiras reflexões filosóficas de Schelling encontram-se sob a influência da inflexão subjetiva operada pela filosofia moderna. Concretamente, os nomes de Kant e Fichte destacam-se como expressivos interlocutores acerca desse tema. Schelling, no entanto, não se deixou enclausurar em uma filosofia da subjetividade meramente finita, já que também estava a tal ponto influenciado pelo pensamento de Espinosa que se declarava um espinosista. Esta convicção manifesta-se nas obras escritas ainda durante o período do seminário de Tübingen: *Sobre a possibilidade de uma forma de filosofia em geral* (1794) e *Do Eu como princípio da filosofia* (1795). Ora, seu grande propósito era construir a síntese entre sujeito e substância no conceito de um sujeito absoluto e incondicionado. Tal síntese ganhou inclusive uma divisa: *hen kai pan* (o uno e o todo).

A revolução copernicana na filosofia levada a cabo por Kant aprofunda a emergência da dimensão subjetiva iniciada por Descartes no início do que se denominou filosofia moderna. Em *Crítica da razão pura* (1781), ele procura argumentar que os elementos estruturadores do conhecimento não estão inscritos nos objetos. Ao contrário, as condições de possibilidade capazes de proporcionar um conhecimento científico — um conhecimento necessário e universal — residem no sujeito. Elas são denominadas transcendentais, elementos puros a priori, não oriundos da experiência, e o sujeito que as possui é o sujeito transcendental, distinto, portanto, daquele sujeito empírico, físico, biológico e psicológico.

O aparato transcendental pertencente ao sujeito é formal, já que ele não está em condições de *produzir* o fenômeno, o objeto a ser conhecido. Este tem de ser *dado* às condições formais do conhecimento para que possa ser construído um discurso científico sobre ele. A convergência entre as condições formais, puras a priori, e os objetos empíricos, a posteriori, resultam no conhecimento. Trata-se, portanto, na linguagem de Kant, da síntese do fenômeno através de formas puras a priori do sujeito transcendental.

As condições transcendentais e formais do conhecimento têm seu uso legítimo se e somente se aplicadas ao fenômeno. Qualquer uso das mesmas que se proponha a conhecer o que está além do fenômeno e do empírico — o que a coisa é *em si* mesma independentemente das condições formais — infringe as regras do conhecimento científico. A crítica — palavra que, em seu sentido originário, significa avaliar e julgar — ao aparato cognitivo identifica não só os elementos constituintes formais e a priori do nosso conhecimento, mas também as regras de sua aplicação. Uma tal investigação aponta, portanto, tanto os elementos constituintes da organização do saber quanto os limites de sua legítima atuação.

Não apenas no âmbito da razão teórica, mas também no campo da razão prático-moral, o elemento a priori se faz presente. A lei moral não é oriunda de Deus, assim como não é deduzida da natureza. Em ambos os casos, o sujeito moral perderia sua autonomia, a saber, sua capacidade de legislar para si mesmo e outros sujeitos morais, de tal forma que as normas orientadoras das ações pudessem mostrar sua legitimidade diante da razão desses sujeitos morais. A lei moral é uma lei necessária e universal, à qual todos os seres racionais poderiam dar seu assentimento. Como a priori, necessária, universal e incondicionada, a lei moral é razão pela qual (*ratio cognoscendi*) conhecemos a liberdade, já que sua razão de ser (*ratio essendi*) é a própria liberdade.

Para Schelling, no entanto, Kant não apresenta uma explicação satisfatória para a unidade da razão, ora apresentando-se no seu uso prático, ora no seu uso teórico. Daí a necessidade de ir além de Kant.

Schelling toma para si a tarefa de conciliar as dimensões teórica e prática da razão. Conforme suas próprias palavras, a tarefa filosófica que ele tinha diante de si nesse momento de sua trajetória intelectual foi assim expressa: "A filosofia ainda não está no fim. Kant deu os resultados: faltam ainda as premissas."

A tese fundamental consiste em identificar uma instância (as premissas) acima dos planos transcendental e fenomênico (os resultados). As premissas são, pois, a fonte a partir da qual os elementos e as regras das esferas transcendental e fenomênica obtêm sua fundamentação. Esta instância-premissa é denominada o *Incondicionado*.

Assim sendo, surge uma hierarquia de condições de possibilidade organizada em ordem descendente: o *Incondicionado* (1) é condição suprema de possibilidade, o elemento anipotético absoluto — a condição que não carece de outra hipótese ou pressuposição para ser explicada, já que ela é absolutamente auto-explicativa. O segundo plano corresponde à *articulação entre Incondicionado e condicionado* (2), no qual são articuladas as relações entre eu e não-eu. Em seguida, há o plano do *condicionado*, subdivido, por sua vez, em dois subplanos: imediatamente abaixo do segundo plano, encontra-se o *plano do transcendental* (3), o qual, por seu turno, é a condição de possibilidade de organização dos *fenômenos naturais e práticos* (4). O esquema a seguir representa a articulação entre os planos do ser e os planos do conhecer:

PLANOS DO SER	PLANOS DO CONHECER
1. *Incondicionado*	razão intuitiva
2. Incondicionado/condicionado	razão discursiva
3. Condicionado (transcendental)	entendimento e sensibilidade
4. Condicionado (fenômenos)	entendimento e sensibilidade

Percorrendo estes planos em ordem crescente de sua condição de possibilidade, o plano do condicionado é interpretado por Kant e Schelling como aquele onde atuam as faculdades do entendimento e da sensibilidade. Aquele com suas categorias (causa e efeito etc.) e princípios (por exemplo, "todas as intuições são grandezas extensivas"), esta com suas intuições puras a priori (espaço e tempo) levam a efeito a organização dos fenômenos. Kant chama a atenção para o fato de que o conhecimento sintético dos fenômenos é condicionado em duplo sentido: no sentido objetivo, já que os objetos, como fenômenos da natureza, estão inseridos em uma rede de relações de (inter)dependência; e no sentido subjetivo, visto que as condições subjetivas transcendentais estão submetidas a determinadas regras, que lhes impõem um conhecimento condicionado do que é condicionado.

Também em concordância com Kant, o jovem Schelling considera a razão — também detentora de conceitos puros a priori, a saber, as idéias — a faculdade que se refere ao que está além da esfera dos elementos condicionados, a coisa em si, o númeno, objeto do pensamento (*nous* = mente, razão). Kant já havia descrito a atividade da razão como aquela capaz de unificar as regras do entendimento, que, por sua vez, unificam os fenômenos. A razão, portanto, proporciona mediatamente, através do entendimento, uma organização dos fenômenos, na medida em que ela expressa suas condições últimas de possibilidade. Ora, se o entendimento, como fonte do conhecimento sintético, unifica os fenômenos, e se a razão unifica as regras do entendimento, então é papel da razão "encontrar o *Incondicionado* para o conhecimento condicionado do entendimento, a fim de que sua [do entendimento] unidade seja completada".

O *entendimento* e a *sensibilidade* atuam no plano *condicionado* (planos 3 e 4) e a *razão* nos planos 1 e 2, onde está articulada com duas modalidades de atuação: plano 2 com a razão discursiva e plano 1 com a razão intuitiva. O plano 2 é aquele no qual é exercida a intermediação entre o *Incondicionado* (plano 1) e o *condicionado* (planos 3 e 4), de tal forma que ele é construído como uma composição entre eles.

Não por acaso a forma de expressão do plano 2 é a *forma originária de toda ciência*, segundo a qual *Incondicionado* e *condicionado* são articulados em três passos. Como esperado, a primeira forma fundamenta o discurso científico e o ser dos objetos: a *forma da incondicionalidade*, "Eu é Eu", de acordo com a qual o Eu põe ou determina a si mesmo absolutamente, sem ser posto por qualquer outro objeto. Essa forma expressa a *atividade* do Eu de *determinar incondicionalmente* tudo o que possa tornar-se para ele realidade. A forma da incondicionalidade sublinha, portanto, o *caráter formal* do Eu, o agir em si mesmo, a partir de si mesmo e através de si mesmo. A *forma da incondicionalidade* expressa, logo, a tese ou posição (*thésis*, *títhēmi* = posição, pôr) absoluta, apreendida direta e imediatamente pela razão. Contrariando Kant, Schelling admite a razão intuitiva como instância competente para apreender diretamente o *Incondicionado* (plano 1).

A segunda forma originária, a *forma da condicionalidade*, lida com a relação entre o Eu e aquilo que não é o Eu, isto é, o não-eu: "não-eu não é Eu". Schelling ressalta a *ação sofrida* pelo não-eu — realidade passiva, no preciso sentido que é condicionado pelo Eu, ele sofre, suporta, é objeto da ação do Eu. É justamente essa condicionalidade que é destacada e evidenciada na segunda forma, que, portanto, representa a antítese da primeira, algo posto contra (anti-) o que foi posto anteriormente, o contraposto é uma re-ação à primeira ação. A iniciativa capaz de fazer surgir a realidade objetiva do não-eu tem, portanto, sua origem na autoposição absoluta do Eu. Dela emerge toda a esfera dos objetos.

A terceira forma originária de todo discurso científico retoma a atividade autodeterminante do sujeito, contudo, não em seu caráter absoluto, como na primeira forma, mas na confrontação com o não-eu. Trata-se, portanto, do eu finito e limitado pelo não-eu, o qual, no entanto, não consegue extirpar-lhe seu poder de autodeterminação, bem como deve a este poder o fato de ser objeto. A terceira forma originária é, pois, aquela em que "... o eu *se* põe somente *através de si mesmo*, pelo fato de que ele põe (a partir da liberdade) um não-eu". Há uma nítida oposição e condicionalidade recíproca entre eu finito e não-eu, mas originadas da autodeterminação do Eu incondicionado. A eventual condicionalidade em que o eu finito e condicionado se encontra enredado não aniquila sua essencial incondicionalidade, pois sua determinação condicionada tem origem na autodeterminação incondicional. A terceira forma originária expressa, portanto, a síntese (*synthesis* = composição), compor os aspectos da incondicionalidade e condicionalidade: a *forma da condicionalidade determinada pela incondicionalidade.*

Essas três formas originárias de todo discurso racional organizam, por sua vez, toda a esfera transcendental, o âmbito dos elementos puros a priori da razão, entendimento e sensibilidade. Ela é formada pela projeção das formas originárias no plano dos elementos transcendentais. Logo, tomando uma das exemplificações fornecidas por Schelling, a forma analítica (juízo analítico) representa no plano do transcendental a forma da incondicionalidade, visto que ela, analogamente ao juízo analítico, não carece de um conteúdo superior para ser posta. A forma sintética (juízo sintético) corresponde à condicionalidade, já que necessita de um conteúdo superior e diferente. Enquanto a forma disjuntiva ou mista (juízo disjuntivo), composição entre as outras duas formas, diz respeito à forma da condicionalidade determinada pela incondicionalidade, já que tematiza um conhecimento condicionado (forma da condicionalidade) dentro do conjunto completo e integral (forma da incondicionalidade) de suas condições. Como exemplo da forma disjuntiva ou mista, basta lembrar o exemplo do próprio Kant: "o mundo existe ou por um mero acaso ou através de necessidade interna ou por uma causa exterior." Cada um dos juízos perfaz um conhecimento determinado sobre o mundo. Mas os três esgotam todos os conhecimentos sobre a origem do mundo. Na linguagem de Schelling, cada um dos juízos representa a "*forma do ser-posto condicionado* [forma da condicionalidade] *por um todo de condições* [forma da incondicionalidade]".

Como conseqüência, uma hierarquia de subjetividades é constatada, e, para Schelling, instaura a unidade inexistente no pensamento de Kant. Adotando uma perspectiva ascendente de condições, a primeira forma de subjetividade é formada pelo *sujeito empírico, fenomênico, psicológico*. Em um segundo nível, encontra-se a *subjetividade transcendental*, cujo aparato puro a priori leva a efeito a síntese do múltiplo fenomênico condicionado e, nesse sentido, portanto, é a condição de possibilidade do eu empírico. Por fim, a *subjetividade incondicionada* é a condição de possibilidade das duas subjetividades precedentes, visto que ela é o pressuposto último da dualidade eu/não-eu, à qual eu transcendental e eu fenomênico estão inevitavelmente submetidos.

Filosofia da natureza. A filosofia da subjetividade com base no Eu incondicionado mostrou-se insuficiente para superar as lacunas constatadas na filosofia de Kant. A aproximação de Schelling à filosofia de Fichte, a fim de que ambos pudessem levar a sua plena realização o pensamento kantiano, cedeu lugar à filosofia da natureza. Três razões podem ser alegadas para explicar a transição da filosofia da subjetividade para a filosofia da natureza. Nelas expressa-se seu fecundo debate com Fichte e Kant.

A primeira razão é uma crítica à posição de Fichte, segundo a qual *a natureza é um não-eu*. Schelling rejeita aquilo que, segundo ele, é a natureza para Fichte: um ser meramente objetivo, um puro não-eu, uma realidade oposta ao eu e, simultaneamente, posta à disposição dos interesses desse mesmo eu. Schelling reprova a interpretação da natureza como uma totalidade objetiva meramente instrumentalizada e instrumentalizável para atender à realização moral do eu. Neste sentido, a inteligibilidade da natureza torna-se bastante comprometida, pois ela torna-se uma espécie de apêndice do eu, submissa e dependente de sua atividade.

Outra razão é a crítica à tese de Fichte acerca da natureza considerada mero não-eu, em favor de uma compreensão da natureza interpretada como uma *condição para o surgimento do próprio eu*. Schelling não compreende a natureza como negação da atividade do eu, mas como atividade que se torna a condição de possibilidade do eu. A nova posição assumida por Schelling enseja, como veremos adiante, uma nova compreensão da relação entre eu e não-eu, a qual não podia mais se enquadrar dentro dos limites da filosofia de Fichte.

Finalmente, faz uma crítica ao conceito kantiano de finalidade. Em sua *Crítica da faculdade de julgar* (1790), Kant trata desse conceito ao lidar com o pensamento que tem como objeto a natureza. Ele, no entanto, nega ao pensamento a posse de um conceito capaz de indicar o telos, a saber, o fim imanente à natureza. Nosso conceito de telos tem um caráter meramente regulativo, capaz de nos orientar, de um ponto de vista *meramente subjetivo*, na consideração da natureza. Ele não deve ser entendido como um conceito que nos capacite a compreender a natureza como contendo *nela mesma* uma finalidade imanente.

Em seu texto *História da filosofia moderna*, no capítulo "A filosofia da natureza", Schelling reconstrói sua própria posição filosófica a partir da filosofia da subjetividade e do papel aí desempenhado pelo sujeito. Sua intenção é clara: mostrar como a filosofia da natureza era um desenvolvimento "natural" da filosofia da subjetividade.

Como não podia deixar de ser, a argumentação de Schelling parte do Eu absoluto, da subjetividade pura e absolutamente livre quando é pura abstração e liberto de toda oposição a qualquer objeto. A ele, contudo, é imanente pôr a si mesmo como objeto, como algo determinado e finito, enfim, como eu em relação ao não-eu. O fato de tornar-se objeto, finito e determinado não submerge o eu na pura objetividade e finitude. Em cada e toda finitização de si mesmo, o eu emerge como sempre e necessariamente transpondo-a e passando para uma nova *potência*, um novo estágio de seu autodesdobramento gradual e imanente, que faz surgir de seu estado de latência todas suas formas, suas potencialidades. O eu é somente o que ele é devido ao fato de que retorna a si após a travessia pela esfera objetiva.

Esse autodesdobramento divide-se, portanto, em um lado real e em um outro ideal: em algo objetivo, privado de consciência (*das Bewusstlose*), ainda incapaz de tomar a si mesmo como objeto, e em algo subjetivo, consciente tanto de seu ato de captar o objeto quanto do ato de apreender a si mesmo. A dualidade entre real e ideal, objetivo e subjetivo, finito e ir-além-do-finito, inconsciente e consciente desenvolver-se-á através de várias potências tanto na esfera da natureza quanto na do espírito. Seu distanciamento de uma subjetividade absolutamente centrada em si mesma é evidenciada em uma afirmação como esta: "Em nenhum lugar, em nenhuma esfera, há um *meramente* subjetivo ou um *meramente* objetivo, mas sempre uma unidade de ambos." Enquanto na esfera da natureza a unidade entre subjetivo e objetivo é marcada pelo predomínio do objetivo e inconsciente, na esfera do espírito essa unidade tem o predomínio do subjetivo e consciente.

O abandono de uma posição meramente subjetiva diante da natureza, segundo a qual ela é mero produto do sujeito, ocorreu, no entanto, ainda dentro dos quadros da terminologia da filosofia da subjetividade, embora alterando-a devidamente para adaptar-se ao novo enquadramento da filosofia da natureza. Em um movimento incomum para o estudioso da obra de Schelling acostumado ao discurso da filosofia da subjetividade, a própria natureza assume agora a incondicionalidade antes reservada ao Eu absoluto. Ela é encarada como uma atividade absoluta e incondicionada, um fluxo infinito, que, no entanto, encontra uma expressão finita em um determinado ente da natureza.

Como atividade absoluta, a natureza possui *autonomia*, já que suas leis não são dadas por um poder externo a ela, mas, ao contrário, são oriundas de seu próprio movimento. Ela é *autárquica*, porque se basta a si mesma. Autonomia e autarquia constituem, na verdade, a natureza como *realidade incondicionada*, "um todo organizando a si mesmo e organizado a partir de si mesmo". Uma realidade que é o marco inicial de toda filosofia da natureza digna desse nome.

A relação entre eu-sujeito e não/eu-objeto — fincada na oposição autonomia versus heteronomia, liberdade versus necessidade — é transmutada em uma nova relação entre sujeito e objeto, na qual a natureza, como atividade absoluta, representa o "sujeito", a "natura naturans", a natureza em seu processo de evolução, enquanto ela, como produto finitizado de seu fluir incondicionado, expressa o "objeto", a "natura naturata", a natureza cristalizada em suas etapas de autodesenvolvimento, a "empiria".

A natureza é, pois, atravessada por uma *dualidade primordial*. De um lado, ela é um impulso (*Trieb*) infinito de expansão, denominado *produtividade*; de outro, ela é um freio, um *retardamento*, uma *desaceleração* (*Hemmung*) daquele impulso, denominado *produto*. Afinal, produtividade infinita sem produto significaria uma atividade que não deixa qualquer rastro, qualquer sinal de sua presença, qualquer ente finito, provisoriamente permanente e capaz de testemunhar a atividade que o produziu. Produto sem produtividade infinita significaria um ponto de retardamento ou desaceleração (*Hemmungspunkt*) do fluxo infinito, sem que fosse apontado aquilo que sofre o processo de desaceleração: o produto, o ente finito da natureza, estaria desconectado de seu contexto produtivo, isto é, a permanência e a fixidez do ser natural finito estariam separados do fluxo infinito, do qual elas ganham sentido. Afinal: de qual realidade o ente natural finito é permanência e fixidez?

A dualidade formada pela produtividade e pelo produto anular-se-ia reciprocamente, caso a oposição não fosse composta em um terceiro elemento capaz de abrigar tanto a produtividade quanto o produto. O fenômeno da natureza é, portanto, uma síntese entre produtividade, na medida em que é "*aniquilado a cada momento*", e produto, na medida em que é "*novamente produzido a cada momento*". O "subsistir de um produto" — a face objetiva da natureza, a "natura naturata" — só é pensável através de "*um permanente ser reproduzido*" — a face subjetiva da natureza, a "natura naturans". A oposição imanente à natureza leva-a a constantemente pôr um ser natural finito e determinado, mas também a constantemente *trans*pô-lo. A atividade absolutamente incondicional da natureza nunca encontra-se exaurida nas formas provisoriamente finitas por ela assumidas.

Um aspecto importante da filosofia da natureza de Schelling deve ser ressaltado, principalmente tendo em vista a compreensão da natureza obtida anos mais tarde no século XIX pela teoria da evolução de Darwin. A evolução que tem lugar, ao longo da série dos produtos da natureza, não é aquela da *continuidade das espécies* ou *continuidade das formas* (*Continuität der Arten, continuitas formarum*), mas da *continuidade das funções orgânicas*. A evolução das espécies procede segundo "características exteriores" que promovem uma "cadeia natural de interrupções contínuas", ao passo que a filosofia da natureza tem por pretensão deduzir a priori a seqüência das ações originárias ou dos princípios organizadores da natureza e, assim, estabelecer a série hierárquica dessas ações. Enquanto a evolução das espécies sofre várias interrupções e apresenta lacunas, os níveis seqüenciais de produtividade, por sua vez, mostram uma continuidade, já que seu desdobramento expressa as ações originárias do autodesdobramento da natureza.

Mesmo com lacunas e passível de descontinuidades, Schelling não estranha uma evolução das espécies, desde que ela não seja resultado do mero acaso ou de uma finalidade exterior à natureza, mas dinâmica imanente à produtividade: "A produtividade da natureza é continuidade absoluta ... *Há apenas um produto que vive em todos produtos.* O salto do pólipo ao ser humano parece certamente gigantesco, e seria inexplicável, se não aparecessem entre eles membros intermediários. O pólipo é o animal mais simples e a raiz da qual todos os outros organismos brotaram."

A filosofia da natureza não tem a pretensão de deduzir a priori um ente finito da natureza, como uma baleia e suas funções orgânicas particulares, tais como seu sistema nervoso e reprodutivo. As funções orgânicas constituem as forças elementares e originárias, o aspecto interior da natureza, cuja exteriorização se expressa no indivíduo natural finito e em suas funções orgânicas particulares. Desse modo, as funções orgânicas deixam-se representar numa série contínua de desenvolvimento: sistema reprodutivo, sistema muscular e sistema nervoso, os quais formam justamente os pontos de retardamento da produtividade, as etapas de finitização da produtividade. Essa série continuada, a saber, evolutiva de funções orgânicas, não se mostra como tal nas inúmeras formas orgânicas individuais efetivamente existentes. A filosofia da natureza pode deduzir a priori as funções orgânicas elementares de um mamífero como a baleia. Ela não pode, entretanto, deduzi-la a priori, como também não está em condições de deduzir a inter-relação específica destas funções nesse mamífero específico.

Assim como produtividade sem produto é incompreensível, também a filosofia da natureza, a qual tematiza a produtividade, torna-se inviável sem as ciências da natureza, que têm por objeto os produtos. Ambas estabelecem uma relação de reciprocidade. A produtividade e seus pontos de retardamento tornar-se-iam puras abstrações, descoladas de suas efetivas e concretas realizações nos produtos da natureza, caso a filosofia da natureza, por um lado, perdesse sua conexão com as ciências da natureza. Estas, pesquisando seus produtos e suas inter-relações, por outro lado, sem a referência à produtividade, perderiam de vista a dinâmica produtora dos produtos. A obra de Schelling testemunha seu contato fecundo com o conhecimento científico disponível naquela época, que assimilou e, portanto, também utilizou para exemplificar o que o discurso da filosofia da natureza vinculava de modo a priori.

A natureza, como dinâmica produzida pela oposição entre sujeito e objeto, consciente e inconsciente, ideal e real, "natura naturans" e "natura naturata", é processo constituído por três potências: matéria, luz e organismo. A reconstrução a priori do movimento gerador dessas três potências não deve ser encarada como uma atividade discursiva meramente restrita ao sujeito. Se, como dito acima, a unidade entre sujeito e objeto está sempre presente em todas as esferas, o discurso da filosofia da natureza também expressa o movimento interno à natureza. Ele não é, de forma alguma, uma teia de conceitos lançada sobre a natureza, a fim de que ela se enquadre em suas malhas e, deste modo, responda ao formulário de questões imposto a ela pelo sujeito do discurso. A metáfora da coação deve ser substituída pelo acompanhamento do ritmo próprio à natureza, seguir sua lógica imanente. O discurso da filosofia da natureza não deve ser entendido como uma forma pura, a priori aplicada a um conteúdo a ela estranho e heterogêneo. Ele é, antes, a forma oriunda do próprio conteúdo natural reconstruída por aquele ser finito da natureza em que o consciente e subjetivo alcança uma preponderância sobre o inconsciente e objetivo.

Matéria, luz e organismo são as diferentes potências da relação entre consciente e inconsciente, sujeito e objeto, tal como manifestadas na natureza. Dentro dos limites de uma introdução ao pensamento de Schelling, é impossível detalhar a reconstrução da dinâmica geradora dessas potências. Farei, todavia, algumas observações gerais, as quais, embora simplificando bastante a argumentação de Schelling, podem proporcionar uma visão geral do que ele entende por natureza.

A matéria não é algo estático, infinitamente divisível, inerte, privado de vida em si mesmo e passível de ser movimentado por um impulso exterior. A matéria aqui tematizada não é ainda aquela apreendida pelos nossos sentidos, a matéria já formatada com múltiplas propriedades, mas a matéria que é a base e o fundamento desta com a qual lidamos em nosso dia-a-dia. Ela é a constante e permanente *síntese* entre duas forças cósmicas: a força voltada para fora, força expansiva ou repulsiva, e a força direcionada para dentro, a força atrativa. Essa síntese é justamente a matéria como *espaço preenchido*. A composição continuamente renovada destas duas forças antagônicas promove — no espaço gradualmente preenchido — o encadeamento e a interconexão das várias formas adquiridas pela matéria: massa, peso e gravitação.

A segunda potência não recebe, a rigor, um nome próprio. A luz é, na verdade, a manifestação desta segunda potência. Enquanto tal, ela não é matéria, espaço preenchido. Justamente porque não é matéria, a luz não está em condições de preencher o espaço, tal como ele o é pela matéria. Diferentemente da matéria que o preenche realmente, a luz percorre o espaço idealmente, imaterialmente, atravessando todas suas direções, ao invés de tornar-se restrita a um ponto singular do espaço. Magnetismo, eletricidade e processos químicos são as três formas pelas quais a luz se apresenta nas relações que os corpos entretêm entre si.

A terceira potência é o organismo. Antes, porém, de avançar para sua compreensão, devemos ter em mente que não se trata de uma seqüência temporal entre essas potências, pois elas são igualmente originárias. Apenas a abordagem discursiva da natureza impõe uma ordem temporal, já que o tratamento conceitual da luz pressupõe o da matéria, enquanto a reconstrução do organismo exige, por sua vez, a anterior investigação reconstrutiva da matéria e da luz.

O organismo, como potência superior da natureza, integra em si a matéria e a luz, as quais agora são assimiladas pelo organismo em sua reprodução de si mesmo, da espécie e em sua interação com o meio ambiente e outros organismos. Também o organismo é resultado da oposição entre produtividade e produto, movimento infinito e seus pontos de retardamento: reprodutibilidade, irritabilidade (sistema muscular) e sensibilidade (sistema nervoso). Essas são as funções orgânicas que os entes orgânicos finitos expressam a seu modo. Elas permitem, inclusive, estabelecer uma escala evolutiva dos seres orgânicos, desde as funções básicas de reprodução, tais como nutrição e secreção, até a forma mais evoluída da sensibilidade, como o cérebro humano.

O ser humano marca o momento do desenvolvimento da unidade sujeito/objeto em que o aspecto subjetivo não é mais apenas aquele *ser* expresso nas potências da matéria, luz e organismo, mas também um *saber* dessas potências, que agora se tornam objeto desse saber. O espírito (*Geist*) — enquanto ele é saber do ser — não é compreensível sem as três potências precedentes, precisamente pelas quais ele emergiu como saber de si, o qual é também saber do processo que lhe deu origem. A destruição da natureza é, pois, a destruição do ser humano.

Assim como a natureza, o desenvolvimento do espírito tem como base também aquela oposição entre produtividade e produto, já que tanto a natureza quanto o espírito resultam de um mesmo processo, são potências da mesma unidade que se autodesdobra em si mesma. O eu é, pois, interpretado como um ato, uma ação absolutamente livre, isto é, exclusivamente originada no eu e pelo eu. Este é o Eu puro, absoluto.

Ele é também a ação em que o absolutamente subjetivo se põe a si mesmo e para si mesmo como relação entre sujeito e objeto. Essa ação assinala o Eu puro tornando-se consciente de si mesmo. Não é o caso de estar consciente *deste* ou *daquele objeto*, mas de tornar-se consciente *em geral*. Assim, não é aqui visada uma consciência empírica direcionada para este ou aquele objeto, mas uma consciência pura, a consciência de si orientada para um objeto que é ela mesma. Desse modo, a consciência de si representa a diferença entre sujeito e objeto, oriunda da identidade absolutamente originária e subjetiva e, nesse sentido, considerada por Schelling a *esfera objetiva*, enquanto ao Eu puro e absoluto é atribuída a *esfera subjetiva*.

Uma tal identidade originária não é veiculada pelo "eu penso", mas pelo "eu sou". O primeiro significa um ato específico, determinado e finito do "eu sou" em sua referência ao não-eu, enquanto o "eu sou" evidencia uma ação infinita, um produzir ilimitado, não ainda determinado por um produto específico. Portanto, o "eu penso" é um desdobramento imanente do "eu sou". Esse último é, na verdade, um produzir de si mesmo como objeto: " ... um saber que simultaneamente produz a si mesmo (como objeto)". De modo semelhante ao que foi visto na natureza, o "eu sou" é uma realidade dinâmica, só passível de ser plenamente compreendida ao longo do movimento que o constitui. Ele não é, portanto, uma espécie de espelho inerte e passivo a refletir a esfera objetiva em si mesma já pronta e acabada.

Esse contínuo produzir que se põe sempre como objeto produzido não é, no entanto, compreensível por meio de um *saber mediatizado*: conceitos, juízos, silogismos e argumentos. Ele está disponível somente à *intuição, ao saber imediato*. Esta intuição, contudo, não está direcionada ao objeto empírico, razão pela qual ela não é empírica. Trata-se, na verdade, de uma *intuição intelectual*, pois, sendo um saber imediato, ela o é de um objeto somente acessível ao pensamento. A intuição intelectual é, portanto, o ato absolutamente livre levado a cabo pelo pensamento que capta a infinita produtividade do "eu sou" produzindo-se como produto finito.

As potências da esfera do espírito — razão teórica, razão prática e arte — são, com efeito, para lembrar o que foi dito acima, pontos de retardamento da produtividade, "diferentes limitações *do produzir que se tem a si mesmo como objeto*, isto é, da intuição intelectual". Elas são, portanto, variadas modalidades de uma mesma atividade, distintas estações do ato de construção levado a efeito pelo "eu sou".

A razão teórica assinala a produtividade do eu marcada pelo fato de que esta mesma produtividade, da qual resulta todo aparato a priori da razão teórica, *ainda não se tornou consciente para si mesma*. O eu produtor, portanto, não contemplou e não pôs diante de si como objeto sua própria atividade producente. Trata-se, pois, de "o produzir privado de consciência (*das bewusstlose Produciren*)". Justamente em virtude disto, o mundo objetivo ainda lhe aparece como uma realidade existente e independente de sua operação, como algo dado. Ainda não lhe é evidente a relação de reciprocidade entre sua ação produtora — esfera subjetiva e ideal — e o mundo dos objetos — esfera objetiva e real —, a qual surge como contraparte objetiva daquela ação. Não por acaso, para a razão teórica, essa esfera objetiva pode lhe aparecer como uma coisa em si, realidade existente por si mesma, e aí posta sem sua participação. Eis o motivo pelo qual Schelling explica o inexplicável, ou seja, o fato de Kant realizar a revolução copernicana na filosofia e, ao mesmo tempo, admitir a coisa em si.

Diferentemente desse produzir, a razão prática, no entanto, é o produzir agora tornado consciente para si mesmo. Enquanto, no âmbito da razão teórica, a atividade produtora do eu torna-se objetiva e, com isto, viabiliza o surgimento do mundo dos objetos, embora sem perceber o vínculo indissociável entre este mundo e aquela atividade, a razão prática, ao contrário, toma como objeto o liame indesatável entre ideal e real, sujeito e objeto, atividade produtora e produto. O tornar-se consciente da liberdade é percebido pelo eu como atividade inerente, porque, agora, ele torna objeto não apenas o *produto* de sua atividade, mas também a própria *atividade*. O jugo sob o qual o eu teórico até então se encontrava se desfaz, já que a produção do objeto, até então mantida de forma inconsciente, é *des*-velada e *des*-coberta pelo eu. Este passa, portanto, a entender o movimento intrínseco, que o levou a admitir a coisa em si. Eis, pois, o nascimento da liberdade moral.

Não por acaso, o limite não tem mais, para ela, o caráter de uma realidade intransponível, precisamente porque existiria independentemente dela. Nesse sentido, portanto, os limites da vida ética são encarados pela razão prática como sempre superáveis. A superação de limites, contudo, não é um mero ato de rebeldia obstinada e reiterada, mas sim conscientizar-se de que a expansão da experiência moral através da superação de limites pertence ao centro da razão prática, na medida em que o limite posto por ela é para ela e, assim, é continuamente transposto em direção a formas mais autênticas de liberdade.

A arte será a síntese ou unidade formada entre infinito e finito, necessidade e liberdade, identidade existente no eu entre consciente e privado de consciência (natureza), de um lado, e consciência dessa identidade (espírito), de outro. Com a liberdade, a arte manifestará semelhança, já que seu produto resulta de um ato consciente, enquanto com a natureza mantém similaridade, visto que seu produto, como realidade objetiva, é privado de consciência.

O papel assumido pela arte no contexto de seu sistema de filosofia — papel inusitado em comparação com os pensadores precedentes e contemporâneos — permitiu aos estudiosos de sua obra qualificar sua posição filosófica como *idealismo estético*. Somente a *arte* pode articular, de forma satisfatória, aquilo que não foi levado a seu ponto culminante pela *natureza* — privação de consciência da identidade que é essencial à natureza —; pela *razão teórica* — incompetente para tornar objetivo o vínculo essencial entre produção e produto —; e, finalmente, pela *razão prática* — não permitindo, na ação livre, a identidade entre consciente e não-consciente, subjetivo e objetivo, já que ela aboliria o objeto da ação livre, a saber "um [objeto] *infinito*, nunca completamente realizado". "Aquilo que para o agir livre reside em um progresso infinito deve ser, na presente produção [produção artística], uma *presença*, tornar-se efetivo em algo finito, tornar-se objetivo."

O que a filosofia deduz de forma a priori é atestado pela experiência vivenciada pelo artista: "Que toda produção estética se baseie em uma oposição entre atividades, já se deixa, com razão, deduzir a partir da asserção de todos artistas ... de que eles, com sua produção, apaziguam apenas um impulso irresistível de sua natureza. Com efeito, se todo impulso parte de uma contradição ... assim também o impulso artístico tem de surgir a partir de um tal sentimento de uma contradição interna." O apaziguamento dessa contradição objetivado nas obras de arte é também um sentimento e, na verdade, um "sentimento de uma harmonia *infinita*", já que elas propiciam uma reconciliação entre forças antagônicas que atravessaram as esferas da natureza, do espírito teórico e espírito prático. O artista e sua obra são, pois, o exemplo vivo do início e fim do jogo de oposições presente em todas as esferas do ser.

Filosofia da identidade. Essa fase do pensamento de Schelling procura construir o fundamento para aquilo já desenvolvido em sua filosofia da subjetividade e filosofia da natureza. Com efeito, natureza e espírito já eram aí encarados como desdobramentos imanentes de uma mesma realidade, estágios internamente diferenciados de um mesmo todo que gradualmente torna-se consciente de si próprio.

Em *Exposição de meu sistema de filosofia* Schelling explicita o que estava implícito em suas obras precedentes. A filosofia da natureza poderia ser entendida como um realismo, pelo menos do ponto de vista idealista, porque a natureza por ela investigada não é um produto do eu apenas, mas resultado da interação entre eu e não-eu. A filosofia do espírito, por sua vez, não se identificava com um idealismo ou subjetivismo radical, já que, no próprio desenvolvimento do espírito, a relação entre eu e não-eu fazia-se também presente. Portanto, o *Sistema do idealismo transcendental* já não se deixava sucumbir seja ao realismo, seja ao idealismo. Isto torna-se mais evidente nesse período da filosofia da identidade.

No parágrafo 46 de *Exposição de meu sistema de filosofia*, o próprio Schelling nos legou um esquema bastante didático capaz de ilustrar a "forma de ser da identidade absoluta":

$$\frac{\overset{+}{A}=B \qquad\qquad\qquad A=\overset{+}{B}}{A=A}$$

A linha reta ilustra o fato de que a identidade absoluta se estende por todas as direções, pois todo e qualquer ente é sua expressão. Essa identidade, também chamada de *razão absoluta* ou simplesmente *razão*, é uma indiferença qualitativa e quantitativa entre sujeito e objeto, ideal e real. Ela é o todo, o universo completo dos mundos natural e espiritual.

A forma de ser da identidade absoluta é o autoconhecimento. Isto significa que a existência da razão absoluta é o ato de conhecimento de si mesmo. Este, por sua vez, exige uma diferenciação entre sujeito e objeto, de tal forma que a identidade absoluta existe apenas como relação entre sujeito e objeto. Ora, ela não pode ser uma diferenciação qualitativa, porque a identidade absoluta é a mesma em todas as direções, em todos os recantos do ser. Assim sendo, a diferenciação exigida pela forma de ser da identidade absoluta, seu autoconhecimento, só pode ser uma diferença *quantitativa*. Essa, fundamento de toda finitude, considera cada ser finito, essencialmente (*qualitativamente*) sujeito e objeto, ideal e real, submetido ora à preponderância quantitativa do sujeito, do consciente, ora à do objeto, do inconsciente.

A=A representa a forma de ser da identidade absoluta como ponto de equilíbrio, já que aqui temos uma indiferença quantitativa e qualitativa, na qual a preponderância quantitativa, seja do sujeito em relação ao objeto, seja do objeto em relação ao sujeito, não tem lugar, assim como conhecer e ser se identificam.

$\overset{+}{A}=B$, por seu turno, expressa uma potência determinada, diferença quantitativa em relação ao autoconhecimento da identidade absoluta, no qual tem lugar a preponderância do ideal, subjetivo e consciente frente ao real, objetivo e inconsciente.

$A=\overset{+}{B}$ sinaliza também uma potência determinada, mas, desta vez, uma diferença quantitativa em relação ao autoconhecimento da identidade absoluta, no qual ocorre a preponderância do real, objetivo e inconsciente frente ao ideal, subjetivo e consciente.

Com esse esquema, Schelling quis tornar evidente a unilateralidade tanto do realismo quanto do idealismo. Ambos são unilaterais, porque absolutizam a perspectiva finita que lhes serve de apoio para entender o espírito e a natureza: ora priorizando o inconsciente em relação ao consciente (filosofia da natureza), ora o contrário (filosofia do espírito). As potências do espírito e da natureza são formas de ser finitas da identidade absoluta, que, interpretadas fora do contexto global que lhes faz surgir, desfiguram tanto a natureza quanto o espírito.

Cada ser finito não deixa de manifestar uma identidade essencial, percebida somente pela filosofia da identidade, que sabe superar as parcialidades das filosofias da natureza e do espírito, pois ela consegue identificar o que cada ser finito é em si mesmo. Ela restaura a "fraternidade" dos seres finitos entre si e desses com o infinito. Pois, seja qual for o lugar onde o filósofo da identidade lance seu olhar, ele vê o infinito no finito e o finito no infinito, o mesmo no outro e o outro no mesmo.

Segunda fase

Com *Investigações filosóficas sobre a essência da liberdade humana e os objetos a ela conexos* Schelling dá os primeiros passos em direção ao que posteriormente denominará filosofia positiva. De fato, Schelling não renegou seu trabalho filosófico desenvolvido até então, bem como não abandonou as reflexões sobre os temas da natureza e do espírito. Ele, contudo, lida com aspectos da totalidade sujeito/objeto completa ou parcialmente negligenciados no pensamento da fase anterior. Pares de opostos tais como luzes versus trevas, a priori versus a posteriori, lógico versus histórico, fundamento da existência versus existência, necessário versus contingente, filosofia negativa versus filosofia positiva servem para marcar o alargamento de seu horizonte filosófico, apesar do caráter bastante abstrato e eventualmente simplista desses pares como esquemas de explicação de seu pensamento. De qualquer forma, eles nos ajudam a ter um primeiro vislumbre da mudança, que consiste, numa formulação ainda bastante geral, em sublinhar o segundo elemento daqueles pares de opostos, enquanto a primeira fase acentuava o primeiro elemento dos mesmos.

A relação entre os dois momentos de sua filosofia não deve ser encarada como relação de exclusão, mas de complementação e referência recíproca. Nesse sentido, Schelling considerava que sua filosofia formava uma unidade constituída pela filosofia negativa e filosofia positiva. E mesmo para ele a tomada de consciência dessas duas fases de seu pensamento, assim como a terminologia para expressá-la, apareceu gradualmente. A intuição que lhe permite avançar para uma nova etapa ganhará contornos mais nítidos quando o discurso for capaz de justificá-la. Não é por acaso que os historiadores de sua filosofia costumam designar esse período compreendido entre 1809 e 1820, marcado por escritos tais como *Investigações filosóficas*, *Idades do mundo* e

Preleções privadas de Stuttgart, como uma fase intermediária, quando temas e vocabulário da filosofia positiva ganham aos poucos maior nitidez e solidez.

Tomarei dois textos, *Investigações filosóficas sobre a essência da liberdade humana e os objetos a ela conexos* e *Filosofia da revelação*, para apresentar algumas de suas idéias nessa segunda fase. O primeiro representa o início do alargamento de seus horizontes filosóficos, expressando seu pensamento na etapa intermediária ou primeira etapa da segunda fase. O segundo é representativo do que se convencionou denominar filosofia tardia no sentido estrito, a segunda etapa da segunda fase. Em ambos tenho a intenção de continuar a estudar alguns aspectos da relação entre natureza e espírito, mas, sob um novo enfoque, de tal forma que as diferenças entre a primeira e a segunda fase possam ser ressaltadas.

Filosofia da liberdade. Em *Investigações filosóficas* ele vincula a relação entre natureza e espírito com a questão da liberdade e a do bem e do mal. O aspecto tenebroso, soturno, inconsciente da realidade ganha uma magnitude tal que contrasta com o tom otimista de escritos anteriores. O movimento triunfante da identidade depara-se com um fundo obscuro que ameaça o mundo da ordem e da razão.

De acordo com suas teses até então desenvolvidas, a natureza precede ao espírito, já que o Absoluto gradativamente ganha consciência de si mesmo na esfera do espírito, após sua longa jornada inconsciente na natureza. Ora, a liberdade pode inverter a relação entre natureza e espírito, produzindo um conflito entre ambos que contraria a "lógica natural" do movimento que os produz. Isso é possível graças à *liberdade*. Assim, o primeiro esforço de Schelling é ligar a temática da liberdade com seu pensamento anterior acerca do Absoluto e seu desenvolvimento.

Como pensador do mundo moderno, Schelling não poderia evitar a virada da filosofia em direção ao sujeito. O pensamento tendo como tema a liberdade não poderia, portanto, ser indiferente à liberdade exigida pelo sujeito finito. Ao mesmo tempo em que reconhece tal exigência, ele não abandona, todavia, o contexto de totalidade em que o sujeito finito exerce sua liberdade. A explicação da liberdade tem, pois, por tarefa construir a ponte entre Absoluto, infinitude, de um lado, e sujeito finito, de outro. Caso contrário, ou a infinitude elimina a finitude e sua liberdade, produzindo um férreo determinismo, a saber, as ações do sujeito finito são uma mera passividade, simples *re*-ações, respostas predeterminadas à realidade objetiva já dada e interpretada como imutável, já que elas estariam incondicionalmente submetidas às condições econômicas, políticas, biológicas, sociais etc.; ou o sujeito se considera como o centro da vida e submete-a a si, a interesses que desrespeitam a lógica do todo em que está inserido.

Em virtude da inter-relação entre infinitude e finitude, ele pensa que somente a filosofia da natureza, aquela exposta dentro do contexto do que para ele até então era o sistema da filosofia, está à altura da tarefa a ser enfrentada. Se este é o caso, então ela delimita o quadro em que a liberdade do homem ganha plausibilidade e sentido: "A filosofia da natureza de nosso tempo estabeleceu, primeiramente na ciência, a diferença entre *a essência na medida em que ela existe* e *a essência na medida em que ela é meramente fundamento de existência (Grund von Existenz).*"

A princípio, essa diferença parece não ter qualquer relação com a liberdade humana. O trabalho teórico de Schelling consiste, de agora em diante, em esclarecer o vínculo entre existência e seu fundamento, de um lado, e a liberdade humana, de outro.

A primeira observação a ser feita diz respeito ao fato de que a existência e seu fundamento formam uma relação de condicionalidade recíproca. Isto significa que a existência tem um *prius*, um antecedente, enfim, uma causa esclarecedora de sua origem. O fundamento, contudo, não pode ser o que ele é sem, "ao mesmo tempo", existir. Um fundamento privado de existência é incapaz de fundamentar qualquer coisa. Há, pois, um fundamento existencial e uma existência fundamentada. A relação de condicionalidade recíproca não é constituída no contexto de uma relação temporal de sucessividade ou simultaneidade, mas prescinde dessa relação, tratando-se de uma estrutura bipolar do ser enquanto tal, portanto, anterior à manifestação temporal.

Evidentemente, estamos diante de uma reconsideração das oposições vistas anteriormente: ideal e real, sujeito e objeto, consciente e inconsciente. Entre as novas e as antigas parece não haver uma completa identidade. Antes, elas parecem expressar diferentes modos de abordagem da dualidade constitutiva da manifestação do ser, de tal forma que os pares de opostos sempre nos revelam novas facetas de uma mesma dinâmica presente tanto na infinitude quanto na finitude, tanto em estruturas atemporais quanto em ordenações temporais.

Em seu intento de detalhar aquela oposição e torná-la mais compreensível, fundamento da existência e existência ganham novos qualificativos. Assim, o fundamento da existência é qualificado como escuridão, trevas, inconsciente, irracional e privado de regras. Tais qualificativos assinalam imprevisibilidade, caos e ausência de ordem que sempre permanecem no fundamento do ser, ameaçam emergir e nele submergir as ordens natural e humana constituídas. Logo, não é de se estranhar a aproximação por ele feita entre fundamento do ser e matéria de Platão. A matéria, díade indeterminada, é uma oscilação para o mais e para o menos, o grande e o pequeno etc. Ela, assim como o fundamento do ser, sublinha a desordem que, mesmo sendo domesticada, nunca é extinta do fundamento do ser. Aqui temos a natureza como potência, como mera capacidade de desdobrar toda a sua riqueza. Por isto, ela é ininteligível, ainda não encontra nenhuma forma nem ordem, nenhuma determinação sobre as quais o entendimento poderia exercer suas atividades.

A existência, ao contrário, traz à luz o mundo da ordem e da forma, da realidade da criatura e da finitude. Aqui o entendimento predomina, pois as formas delimitadas e determinadas são seus objetos de fato e de direito. A luz com toda a exuberância de formas faz aqui sua aparição e se contrapõe às trevas de onde é originada e que estão no fundamento disto que se manifesta: "As trevas são sua [da realidade da criatura] herança necessária." Usando a terminologia da filosofia da natureza e da filosofia da identidade, a existência representa as potências da natureza e do espírito, a profusão luminosa de seres naturais e espirituais, o multifacetado universo natural e humano.

Fundamento da existência, também identificado com a *natureza em Deus*, e existência, qualificada como *Deus absolutamente considerado, Deus existente*, também lhe permitem, segundo Schelling, escapar da acusação de panteísmo, que, em sua versão mais simplória, é entendido como a identidade de Deus com todos os seres finitos. Ora, embora os dois princípios formem uma bipolaridade inseparável, dois lados opostos de uma mesma totalidade, ambos se distinguem como o informe e o formatado. Assim como o privado de regras não se esgota no regulado e formatado, justamente porque não são princípios idênticos, também o ordenado e formado, pela mesma razão, não extingue o caótico. Um ente finito não pode exaurir a "magnitude" do infinito, assim como este não cabe no finito. O Deus existente não pode existir sem a natureza, pois ele não teria um mundo diferenciado no qual poderia manifestar-se, assim como a natureza não exerceria seu papel fundante em relação aos seres da própria natureza e, posteriormente, aos entes do mundo do espírito sem a *existência em ato* de Deus, que torna o fundamento uma realidade existente.

A natureza, como o universo de seres finitos, é manifestação da relação de oposição, mas também de inseparabilidade, entre os princípios do fundamento da existência. Essa manifestação realiza a transmutação do princípio das trevas em princípio das luzes, de tal forma que cada ser da natureza expressa um grau determinado de maior ou menor predomínio do princípio das luzes sobre o das trevas. Em virtude disto, cada ser da natureza abriga em si mesmo tanto a "vontade própria da criatura", oriunda do princípio das trevas, quanto a "vontade universal", proveniente do princípio das luzes.

A oposição dos princípios encontra, portanto, seu espelhamento nos seres finitos da natureza. A vontade própria da criatura espelha o aspecto soturno, inconsciente, obscuro e assustador da natureza em Deus, a saber, do fundamento da existência. Ela é, na verdade, "vontade cega, desejo e avidez", quando ainda não está em unidade com o princípio da luz, isto é, a vontade universal e o entendimento.

A tensa relação entre esses princípios e vontades e a transfiguração das trevas em luzes alcançam sua maior dramaticidade no ser humano, assim como o autodesdobramento do Absoluto atinge no ser humano sua consciência de si.

No homem, o vínculo entre liberdade e oposição dos princípios começa a tomar contornos mais claros, já que a oposição dos princípios encontra aí seu reflexo na condição da oposição das vontades. Tanto a *oposição dos princípios* quanto *a consciência* desta oposição estão de tal forma assentadas no ser humano que ele se torna a mais extraordinária das criaturas: "A ascensão do centro, o mais profundo de todos [o princípio das trevas], para a luz não acontece em nenhuma das criaturas a nós visíveis exceto o ser humano. Nele está todo o poder do princípio obscuro e está simultaneamente toda a força da luz, No homem, estão o abismo mais profundo e o céu supremo, ou seja, ambos os princípios."

Em consonância com essa oposição residente em todo ente natural e espiritual, mas obtendo no ser humano seu ápice, Schelling apresenta sua compreensão da liberdade humana que não é mais interpretada como um elemento formal a priori, que deve atuar como critério transempírico para transformar a realidade empírica, social, econômica etc., como é o caso em Kant. A liberdade do homem, ao contrário, está fincada na própria trama que tece os fios da vida, na lógica que enquadra a existência de todos os seres do Universo. Ela é, portanto, "uma faculdade do bem e do mal".

Em razão do caráter extraordinário de sua posição no conjunto das criaturas, o ser humano é portador de enorme responsabilidade. Os seres da natureza, como os animais, também contêm em si a mesma oposição identificada no ser humano. Eles, todavia, a vivenciam de uma forma inalterada, pois neles as trevas ainda não foram transfiguradas em luz. Por isso, não têm liberdade no sentido de escolher o bem ou o mal. O ser humano, por sua vez, é espírito, nele as trevas foram transmutadas em luz, o desejo em entendimento e o inconsciente tornou-se objeto para o consciente. Isso marca o nascimento do espírito. Justamente no terreno do espírito, da luz nascida das trevas e carregando-as dentro de si, têm lugar o bem e o mal.

É importante ressaltar que a vontade própria da criatura não encarna, por si só, o mal. Somente por ser criatura, ela não é uma expressão do mal, ou então estaríamos diante de uma demonização de toda finitude, de toda criação e, no caso do ser humano, de uma condenação de todo desejo, de qualquer escolha e de seu livre-arbítrio. Vale a advertência de Schelling: "O mal não provém da finitude em si, mas da finitude elevada ao ser-por-si-mesmo (*Selbstseyn*)."

Portanto, além de não-oriundo do ser finito, o mal não é também carência do bem, como defendia santo Agostinho (354-430). O mal, ao contrário, é algo positivo, uma realidade engendrada pelo homem, como ser finito espiritual capaz de escolher entre o princípio da luz que ele é, e o princípio das trevas, que ele carrega no seu âmago, pois ele pode levar a efeito "uma inversão (*Verkehrheit*) e transversão (*Umkehrung*) positivas dos princípios". A positividade da inversão e transversão dos princípios ocorre quando a vontade da criatura se sobrepõe à vontade universal, portanto, quando desejo e avidez, governados por aquilo que não tem limites e oscila arbitrária e indiscriminadamente entre o mais e o menos, ditam ao entendimento as regras das ações.

Um dos exemplos disso é justamente a relação entre natureza e espírito. E aqui voltamos ao tópico de nossas observações iniciais. Se, em Deus, a unidade dos princípios opostos é inseparável, no ser humano, ela é, para o bem e para o mal, separável — eis aí a possibilidade do bem e do mal. Portanto, a criatura humana espiritual é capaz de desconectar sua vontade da ordem da totalidade em que vive, colocar-se no centro, sendo um ator da periferia, desempenhar o papel de Absoluto, sendo um ser relativo. Ao assumir essa posição, ele se torna uma ameaça para si e outras criaturas. A vida de todas as criaturas encontra-se em perigo: "A vontade ..., a fim de se fazer vontade universal, sendo simultaneamente particular e criatura, esforça-se por inverter a relação de princípios ... por utilizar ... o espírito ... contra a criatura. Disso resulta a dilaceração nela mesma [vontade] e fora dela."

O mal é a ação da vontade finita da criatura, vontade inversora dos princípios, antepondo seu desejo e avidez — elemento soturno e inconsciente — ao entendimento e consciência — princípio da luz. Com isso, a iluminação das trevas que deveria ocorrer ao longo da série de seres finitos naturais e espirituais encontra um desafio. O triunfo do entendimento e da ordem, fato aparentemente inquestionável na fase anterior de seu pensamento, sofre agora um tremendo abalo. O mal pode colocar tudo a perder, pois a inversão nele contida é transgressão do "caminho natural" que levava da natureza ao espírito. A inversão e a transgressão provocadas por ele lançam o espírito contra a natureza, o movimento a partir do qual ele veio a existir. Nesse sentido, como bem observou Schelling, o mal é uma ameaça não apenas à natureza, mas também ao próprio espírito, pois este não pode existir sem ela, assim como as trevas não existem sem a luz, objeto sem sujeito, real sem ideal, inconsciente sem consciente.

As conseqüências desse pensamento não passaram despercebidas para os que se preocupam com a crise ecológica de nossos dias. Independentemente da aceitação ou rejeição das teses metafísicas, defendidas por Schelling para explicar a liberdade humana, permanece sua grave advertência: a liberdade do ser finito, tão legitimamente celebrada nos tempos modernos, está em condições de provocar desastres monstruosos, caso ela não seja adequadamente conjugada com a ordem de totalidade em que exerce sua atividade.

Filosofia tardia. Da filosofia tardia, pretendo concentrar-me em suas reflexões sobre a filosofia positiva e a filosofia negativa feitas a partir do confronto com Kant, Fichte e Hegel. Apesar de deixar de lado outros importantes tópicos da filosofia tardia, a vantagem é terminar a exposição da filosofia de Schelling vinculando-a com o que tem sido objeto de reflexão desde o início. Além disso, é uma maneira de tentar fazer jus à visão de unidade que o autor tinha acerca de sua própria obra.

Em sua *Introdução à Filosofia da revelação ou fundamentação da filosofia positiva*, primeiro livro da *Filosofia da revelação*, Schelling empreende o esforço, como aliás já está explícito no título, de justificar o novo rumo de seu pensamento. Depois de duas primeiras preleções de caráter introdutório sobre a significação da filosofia em geral, a terceira preleção começa com a exposição da metafísica pré-kantiana e, posteriormente, avança para as filosofias de Kant e Fichte.

Schelling rememora a crítica de Kant às faculdades de conhecimento: sensibilidade, entendimento e razão, em torno das quais o tópico sobre a filosofia da subjetividade acima apresentado foi desenvolvido. Schelling aponta uma contradição não vencida por Kant, a aceitação de que o objeto do conhecimento científico é sempre resultado da convergência de condições formais, a priori, por um lado, com a matéria dada a essas condições, por outro, ao mesmo tempo em que Kant admitia um objeto existente em si mesmo. Com a admissão da coisa em si, todavia, Kant oscila entre idealismo, referência necessária dos fenômenos ao aparato subjetivo de formas puras a priori, e realismo, admissão de objetos que, no entanto, escapam das formas puras a priori da intuição e existem sem referência a essas formas. Essa oscilação obrigou Fichte a defender um idealismo conseqüente.

Seu idealismo não é, todavia, imune a deficiências. Se Kant não encontrou um equilíbrio entre eu e não-eu, sucumbindo a um não-eu independente do eu, Fichte, por sua vez, foi vítima de outro desequilíbrio, na medida em que reduziu ao eu o não-eu, apêndice e subproduto do sujeito. Em razão disto, a natureza, tal como considerada por Fichte, deixa de ter um movimento próprio para tornar-se plenamente disponível às ações (eventualmente deletérias) do eu. Fichte, no entanto, estava certo ao exigir "um *prius* absoluto" iniciador de nossa atividade cognitiva, reconhece Schelling em sua quarta preleção. Nesse sentido, ele superou Kant.

Kant também tem seu lado positivo, apesar de ser muito criticado. Ele apresentou a razão de duas maneiras. Primeiro, ela aparece como portadora de conceitos puros a priori, de idéias que não encontram um objeto semelhante a elas no mundo empírico. Elas têm como objeto o suprasensível, o transempírico. Em segundo lugar, ao desvincular a razão do empírico-sensível, Kant, *involuntariamente*, abriu as portas para o trabalho filosófico de Fichte, que identificou a razão em seu movimento interno com aquele princípio supremo em que se originam a universalidade e a necessidade do conhecimento científico. As intuições puras a priori da sensibilidade e as formas puras a priori do entendimento introduzem universalidade e necessidade nos fenômenos, a fim de que o conhecimento científico ocorra, já que eles por si mesmos são contingentes, casuais. Ora, de onde procedem universalidade e necessidade? Segundo Schelling, Fichte identificou bem a resposta a essa questão, já que viu na razão liberta da contingência e particularidade da experiência empírica a fonte de universalidade e necessidade dos elementos formais de nosso aparato cognitivo. Nesse ponto, Fichte viu surgir o princípio a partir do qual foi possível deduzir todo conhecimento a priori. Eis, portanto, o nascimento da "*ciência* incondicionada da *razão*", em que a razão conhece a si mesma, e é simultaneamente o que conhece e o que é conhecido.

Através desse périplo pelas filosofias de Kant e Fichte delineia-se o próximo passo de sua argumentação, pois, a partir dele, tornam-se compreensíveis as duas esferas de atuação da filosofia: razão e experiência. A base está, pois, assentada para a distinção entre filosofia negativa e filosofia positiva.

A filosofia negativa, a ciência pura e incondicionada da razão, lida unicamente com o em si, o *Was*, a essência da coisa (*quid sit*), objeto na sua universalidade e necessidade. Esse foi o mérito de Kant e Fichte, ao qual o Schelling da primeira fase dedicou seu pensamento. A filosofia positiva, ao contrário, refere-se à experiência, ao *Dass*, à existência (*quod sit*). Essa, portanto, tem como objeto o ente existencial e contigente, não mais visto somente na sua essência a priori, universal e necessária.

Um exemplo dessa diferença refere-se ao que foi dito anteriormente sobre as funções orgânicas. Do ponto de vista da filosofia negativa, é possível deduzir de forma universal, necessária e apriorística a seqüência evolutiva que começa na reprodutibilidade, passa pela irritabilidade e alcança seu ápice na sensibilidade (aqui entendida como sistema nervoso). Utilizando a terminologia da filosofia da natureza, a ciência pura da razão identifica a dinâmica evolutiva necessária da produtividade. A evolução das espécies, diferentemente, diz respeito a entes efetivamente existentes, sujeitos a múltiplas contingências. Como diz Schelling, o conceito a priori da planta não é essa planta existente no espaço e tempo determinados. Assim, a filosofia positiva não pode exigir de seu objeto, no caso em questão, a evolução das espécies, o que a filosofia negativa exige do seu objeto no mundo do a priori. A imprevisibilidade, o surpreendente, o soturno (lembrando o texto *Investigações*), o contingente e o casual presentes na existência introduzem na mesma algo que a filosofia negativa não pode deduzir e prever.

Algo semelhante acontece no campo do espírito. A ciência pura da razão expõe a necessidade, segundo a qual a vontade particular deve seguir a vontade universal. Isto é o *a priori*, o lógico, o que deve ser, o racional: exigência da razão plenamente consciente de si mesma. A filosofia positiva, contudo, sublinha o fato de que a *existência* concreta do agente moral abriga em si o imprevisto e o contingente, de tal forma que a meta proposta pelo lógico pode não ser alcançada no histórico. Enquanto o discurso rigoroso da filosofia negativa consegue no plano do pensamento a priori domesticar o indeterminado, este não encontra na existência um adestramento perfeito. A sua surpreendente irrupção não pode ser eliminada. E isto mostra a filosofia positiva. Afinal, o conceito da vontade não é a vontade efetivamente existente, a reflexão sobre o bem e o mal não assegura, por si só, uma existência efetiva em que o mal esteja submetido ao bem. Nesse sentido, apesar de todo seu rigorismo, a filosofia negativa descreve a potência, o possível, enquanto a filosofia positiva lida com o ato, o efetivo. Estes não são a pura e perfeita transposição daqueles em outras circunstâncias.

Ainda na quarta preleção, e mais incisivamente na quinta preleção, Schelling dirige suas críticas a Hegel. Ele desenvolveu, na verdade, uma filosofia negativa. A filosofia hegeliana, filosofia do conceito, sendo, de fato, uma ciência pura e incondicionada da razão, comete um erro, em certo sentido, mais grave do que aquele cometido por Kant e Fichte. Estes restaram, pelo menos na interpretação de Schelling, limitados exclusivamente ao campo de uma filosofia negativa. Hegel, diferentemente, formulou uma filosofia negativa, no entanto quis revesti-la com um manto de filosofia positiva. O discurso do conceito (*Begriff*), um discurso elaborado a partir do meramente lógico, foi por Hegel e seus discípulos falsamente interpretado como se fosse um discurso sobre a vida efetiva e concreta. Eis aí o erro capital de Hegel.

Filosofia negativa e filosofia positiva são necessárias para a realização do fim e aperfeiçoamento (*Vollendung*) da filosofia. Nesse sentido, a unilateralidade, a limitação ao discurso de apenas uma delas não corresponde ao objetivo da filosofia. A tarefa da filosofia negativa consiste em um trabalho de purificação do ser, seu propósito é livrar o ser de toda contingência e casualidade. Ora, o ponto final dessa catarse é a *idéia do ente necessariamente existente*, essência suprema. E tem, portanto, como resultado a *idéia* de Deus necessariamente e efetivamente existente. Seu ponto final é o *conceito* da existência necessária, em si, independente de qualquer outro ser. Tal conceito, no entanto, não carrega em si a existência mesma. Como conceito, ele é apenas elemento lógico, puro, a priori. A existência almejada pelo conceito de existência suprema e necessária está *fora do próprio conceito*. E, por isso, a existência suprema e necessária não pode mais ser objeto da ciência pura da razão.

O ponto final da filosofia negativa é a indicação de um excesso, um plus, um além da razão, tal como ela exerce sua atividade na ciência incondicional da razão. Ela demonstrou de forma a priori e irrefutável o ato puro e purificado de toda potência, a perfeição suprema. Isto, entretanto, não é ainda a prova de que tal ente, de fato, exista. A filosofia negativa prova apenas o conceito da existência necessária de um ente que é ato puro. *Se tal ente, de fato, existe*, escapa à competência da filosofia negativa. Isso é a tarefa da filosofia positiva.

A filosofia negativa é filosofia para a escola, uma vez que é um exercício puramente lógico, na esfera do a priori, universal e necessário. É também uma filosofia ascendente, elevação da existência à essência, já que é uma elevação da potencialidade e contingência em direção ao ato puro e à necessidade, ainda carente de existência efetiva: termo final do exercício escolar, legítimo, mas de alcance limitado.

Ao contrário, a filosofia positiva é filosofia para a vida, visto que seu objeto é a existência, o ente efetivo e singular, e não mais a efetividade, a universalidade abstrata: não mais *a* planta, *a* vontade, *o* conceito de ente necessariamente existente, e sim *essa* planta existente aqui e agora, *essa* vontade existente nestas circunstâncias bem determinadas, *esse* Deus pessoal, singular, vivo e efetivamente existente. É também uma filosofia descendente, porque descendo do lógico para o histórico, do puramente racional para a experiência, ela lida agora com o conteúdo efetivo, os entes efetivamente existentes. Diferente da idéia de Hegel, que, segundo Schelling, aprisiona o ser dentro do conceito, e faz do ser exclusivamente um momento do conceito, o ser é anterior e acima do conceito. O conceito é dependente do ser: "... não porque há um pensar, há um ser, mas porque um ser é, há um pensar."

Em outro contexto, Schelling afirma que aquilo que é anterior, acima do conceito e torna possível a filosofia negativa ou ciência pura do conceito é, na verdade, *Unvordenkliches*, termo por ele cunhado e expressamente reivindicado. Adotando uma tradução literal, e talvez abrutalhada, *Unvordenkliches* significa *imprepensável* e sublinha a anterioridade (*vor-*) do ser relativamente ao conceito, bem como o fato de que ele não (*un-*) se esgota nos limites da racionalidade da filosofia negativa, escapa à competência do discurso puro a priori (*Denken*). Em outra formulação, Schelling, como sempre, esforça-se em qualificar as diferenças entre as filosofias positiva e negativa, o ser é interpretado como *a priori inconcebível*, aquilo que o discurso a priori da filosofia negativa não consegue traduzir em conceito, justamente porque a filosofia negativa tem por objeto o que é a priori concebível. Aquilo que transcende o conceito está fora da alçada da ciência pura da razão. A filosofia positiva começa, todavia, com o que é a priori inconcebível a fim de que se torne a posteriori um algo concebível, portanto, para que a filosofia negativa inicie sua atividade.

Ambas contribuem para que a filosofia realize a contento sua tarefa. Schelling, no crepúsculo de sua longa carreira filosófica, quer confirmar a unidade de seu pensamento construída mediante a diversidade de suas faces: negatividade e positividade, academia e vida, a priori e a posteriori, logicidade e historicidade, necessidade e contingência. O trabalho de mediação entre elas constitui a vida da filosofia.

Seleção de textos

Schelling argumenta no sentido de provar que A *Crítica da razão pura* já abrigava em si a filosofia negativa, como prova a crítica ao argumento ontológico da existência de Deus; a filosofia negativa, porém, não exaure toda a esfera da filosofia.

"... na medida em que aquele racionalismo positivo [metafísica dogmática] foi corroído, justamente com isso, foi proclamado um racionalismo puro — um puro que, porém, não chamaremos, por exemplo, racionalismo negativo. Pois, isso pressuporia o racionalismo positivo como um racionalismo possível, mas, desde Kant, não há racionalismo positivo. Racionalismo pode ser apenas filosofia negativa, e ambos os conceitos são inteiramente equivalentes. De acordo com a coisa, já na crítica de Kant estava contido aquele racionalismo *puro*. ... Kant deixa à razão ... apenas o *conceito* de Deus, e visto que rejeita o assim chamado argumento ontológico, o qual queria precisamente deduzir, a partir do conceito de Deus, sua existência, ele não faz, então, nenhuma exceção à regra também para o conceito de Deus. O *conceito* de uma coisa contém somente seu puro *Was* [sua essência], nada, porém, do *Dass*, da existência. ... Kant deixa, portanto, à razão nada mais do que a ciência que se envolve exclusivamente com a pura essência das coisas. E sua opinião claramente expressa é de que esse racionalismo puro é o único elemento que permanece no lugar da antiga metafísica. De fato, Kant estende à *filosofia* aquilo que demonstrou apenas a respeito da *razão* e aceita implicitamente que não haja nenhuma outra filosofia a não ser a puramente racional. O último ponto, contudo, ele não tinha mostrado de forma alguma. Portanto, logo em seguida, teve de surgir a questão, se, agora, após a corrosão da velha metafísica, o *outro* elemento, o positivo estaria completamente aniquilado, se, antes de mais nada, depois que o negativo teria se cristalizado no racionalismo puro, o positivo não teria de configurar-se somente agora livremente e independentemente daquele [o negativo] em uma ciência própria".

Filosofia da revelação, Introdução à Filosofia da revelação ou fundamentação da filosofia positiva, primeiro livro, 5ª preleção, p.82s.

Schelling reprova o fato de que Fichte não interpreta a natureza como uma realidade substancial, mas como algo posto à disposição dos interesses do eu.

"Para ele [Fichte], a natureza não é particularmente um ente próprio aí existindo, mas apenas um ente existindo aí, no eu, como limite do eu. Se o eu desaparecesse, ela não teria, então, qualquer sentido. Ela somente é tendo em vista limitar o eu, não é em si mesma *também* algo da espécie do eu e, nesse ponto, de igual modo, algo substancial, mas justamente puro *não-eu*, para dizer a verdade, um não-ente próprio. O eu, no ato originário de pôr-a-si-mesmo, opõe a si, de uma forma inconcebível, esse não-ente próprio, apenas a fim de que ele tenha algo contra o qual exerça seu esforço, aquilo que ele nega cada vez mais, contra o qual sempre pode expandir-se ou sua consciência. Por conseguinte, Fichte chega a falar sobre natureza apenas na filosofia prática, a saber, no Direito Natural; onde ele é coagido a pensar vários eus em ação recíproca, ele deduz que cada ser racional tem de pôr ou intuir a si e os outros seres racionais com um corpo, do qual ele, além disso, sabe que tem de ser composto de uma matéria resistente ou modificável. Aqui são deduzidos, entre outros, dois meios ou elementos intermediários também como condições da coexistência de seres racionais e assim, mediatamente, da consciência de si individual. Através de tais meios ou elementos os seres racionais mantêm relações entre si. Um meio através do qual eles se ouçam, e possam travar entre si conversações racionais: o ar. Um outro meio pelo qual, durante o falar, eles se vêem simultaneamente: a luz. Um outro significado, ele não sabe indicar a esses grandes elementos da natureza."

Filosofia da revelação, Introdução à Filosofia da revelação ou fundamentação da filosofia positiva,
primeiro livro, 3ª preleção, p.52.

Os textos selecionados sublinham dois pontos da crítica de Schelling a Hegel: 1) Schelling, considerando-se predecessor de Hegel, foi quem, de fato, o superou e lhe proporcionou o material de trabalho de que carecia; 2) a passagem, por Hegel defendida em seu sistema de filosofia, da lógica para a filosofia da natureza tem lugar no puro pensar e não nos mostra a natureza real; Hegel, na verdade, aperfeiçoa o erro da filosofia negativa.

1) "... Hegel, ainda de forma mais determinada que seu predecessor [Schelling], levantou pretensões de ter expresso em conceitos também o positivo. Em geral, na maior parte das vezes, formularam-se conceitos bastante falsos sobre a relação entre eles. Acredita-se que aquele teria feito a este algum mal, [a saber] ter ido além dele. Mas, justamente o contrário. O primeiro [Schelling], que ainda tinha muita coisa para superar, da qual hoje em dia nada mais se sabe, e tinha de dominar todo o material que o outro [Hegel] encontrou já submetido ao conceito, bem podia aquiescer por este corrigido."

2) "A passagem para a filosofia da natureza — a qual, na filosofia que se mantém puramente de forma negativa, pode ocorrer de forma meramente hipotética (através disto também a natureza é mantida na mera possibilidade, não se tenta explicá-la como efetividade, o que tem de estar reservado a um outro lado da filosofia [a filosofia positiva]) — portanto, nessa passagem, ele [Hegel] serve-se de tais expressões (por exemplo: a idéia *decide*-se; a natureza é uma *queda* da idéia). Ou elas nada dizem, ou, segundo sua intenção, devem ser *esclarecedoras*, portanto, incluem algo real, um processo efetivo, um acontecer. Se, por isso, o erro da primeira apresentação [a de Schelling] foi não ter colocado o positivo *fora* de si, ela foi ultrapassada, então, pela apresentação seguinte (a hegeliana), mas ultrapassada apenas pelo aperfeiçoamento do erro."

Filosofia da revelação, Introdução à Filosofia da revelação ou fundamentação da filosofia positiva,
primeiro livro, 5ª preleção, p.86s.

Cronologia

1775 Nasce em 27 de janeiro, em Leonberg.

1790 Ingressa no Seminário Teológico de Tübingen.

1792 Escreve sua dissertação de conclusão do curso de filosofia: *Ensaio crítico e filosófico de explicação do antiqüíssimo filosofema do cap. III do Gênese acerca da origem dos males humanos.*

1793 Escreve *Sobre mitos, sagas históricas e filosofemas em geral.*

1794 Escreve *Sobre a possibilidade de uma forma de filosofia em geral.*

1795 Escreve seu texto de conclusão do curso de Teologia, *Sobre Marciano como reformador das cartas paulinas;* e *Do Eu como princípio da filosofia ou sobre o Incondicionado no saber humano; Cartas filosóficas sobre dogmatismo e criticismo.* Início dos anos de professor privado.

1796 Acompanha os jovens barões Von Riedesel nos estudos na Universidade de Leipzig. Estudo de Matemática, Ciências da Natureza e Medicina. *Nova dedução do direito natural.*

1797 Escreve *Idéias para uma filosofia da natureza como introdução ao estudo desta ciência; Tratado para a explicação do idealismo da ciência da natureza.*

1798 Professor extraordinário em Jena. *Da alma do mundo, uma hipótese da física superior para a explicação do organismo universal.*

1799 *Primeiro esboço de um sistema da filosofia da natureza; Introdução ao esboço de um sistema da filosofia da natureza.*

1800 *Sistema do idealismo transcendental.*

1801 *Sobre o verdadeiro conceito da filosofia da natureza e o modo correto de resolver seus problemas; Exposição de meu sistema de filosofia.*

1802 Escreve os textos *Bruno ou sobre o princípio natural e divino das coisas; Exposições posteriores a partir do sistema de filosofia; Filosofia da arte (1802/03).*

1803 Casa-se com Caroline Schlegel em 26 de junho. Torna-se professor em Würzburg. *Preleções sobre o método do estudo acadêmico.*

1804 *Filosofia e religião; Sistema de toda a filosofia e da filosofia da natureza em particular.*

1805 É co-editor dos *Anuários da Medicina como Ciência.*

1806 Torna-se membro da Academia de Ciências de Munique. *Exposição da verdadeira relação da filosofia da natureza com a doutrina melhorada de Fichte; Aforismos para uma introdução à filosofia da natureza; Aforismos sobre a filosofia da natureza.* Rompe com Fichte.

1807 *Sobre a relação das artes plásticas com a natureza.* É publicada crítica de Hegel à filosofia de Schelling no prefácio à *Fenomenologia do Espírito.*

1808 Secretário geral da *Academia de Artes Plásticas* de Munique.

1809 Morre Caroline, em 9 de setembro. *Investigações filosóficas sobre a essência da liberdade humana e os objetos a ela conexos.*

1810 *Preleções privadas de Stuttgart.* Início da redação de *As idades do mundo.*

1812 Casa-se com Angelica Gotter, em 11 de junho. Responde às críticas de Jacobi em *Memorial de F. W. J. Schelling acerca do escrito "Das coisas divinas etc." do Sr. Friedrich Heinrich Jacobi.*

1820 Torna-se professor honorário na Universidade de Erlangen, onde apresenta primeira versão de *Filosofia da mitologia* e *História da filosofia moderna.*

1827 Torna-se professor ordinário na Universidade de Munique. Ministra aulas sobre *Filosofia da revelação.*

1835 Torna-se professor de filosofia (até 1840) do príncipe herdeiro e futuro rei da Baviera, Maximilian II.

1841 Torna-se professor ordinário na Universidade de Berlim.

1854 Morre em 20 de agosto, em Bad Ragaz, na Suíça.

Referências e fontes

p.11: Hegel, G. Phänomenologie des Geistes. Frankfurt, Suhrkamp, 1991, p.22. Sobre a biografia de Schelling: Arndt, M. in www.bantz.de/bbkl/s/s1/schelling_f_w_j.shmt; Kirchoff, J. Friedrich Wilhelm Joseph von Schelling, mit Selbstzeugnissen und Bilddokumenten. Hamburgo, Rowohlt, 2000.

p.13-14: Hegel, G. *Vorlesungen über die Geschichte der Philosophie III*. Frankfurt, Suhrkamp, 1986, p.421.

p.18: Hoffmeister, J. *Briefe von und an Hegel*, vol.I, 1785-1812. Hamburgo, Felix Meiner, 1969, p.14.

p.20: Kant, I. *Kritik der reinen Vernunft*, vol.4. Darmstadt, Wissenschaftliche Buchgesellschaft, 1983, p.364.

p.21: Schelling, F. "Über die Möglichkeit einer Form der Philosophie überhaupt", in *Friedrich Wilhelm Joseph Schelling. Historisch-Kritische Ausgabe*. Reihe I, Werke 1. W. Jacobs, J. Jantzen, e W. Schieche (eds.) Stuttgart, Fromann-Holzboog, 1976, p.283.

p.22: Kant, I. *Kritik der reinen Vernunft*. vol.4. Darmstadt, Wissenschaftliche Buchgesellschaft, 1983, p. B 364.

p.22: Schelling, F. "Über die Möglichkeit einer Form der Philosophie überhaupt", in *Friedrich Wilhelm Joseph Schelling. Historisch-Kritische Ausgabe.* Reihe I, Werke 1. W. Jacobs, J. Jantzen, e W. Schieche (eds.) Stuttgart, Fromann-Holzboog, 1976, p.294.

p.26: Schelling, F. "Zur Geschichte der neueren Philosophie", in *Schriften von 1813-1830.* Darmstadt, Wissenschaftliche Buchgesellschaft, 1989, p.388.

p.27: Schelling, F. "Erster Entwurf eines Systems der Naturphilosophie", in *Schriften von 1799-1801.* Darmstadt, Wissenschaftliche Buchgesellschaft, 1990, p.17, n.1.

p.27-8: Schelling, F. "Einleitung zu dem Entwurf eines Systems der Naturphilosophie", in *Schriften von 1799-1801.* Darmstadt, Wissenschaftliche Buchgesellschaft, 1990, p.284, p.288s.

p.28-9: Schelling, F. "Erster Entwurf eines Systems der Naturphilosophie", in *Schriften von 1799-1801.* Darmstadt: Wissenschaftliche Buchgesellschaft, 1990, p.69 e p.54.

p.34: Schelling, F. "System des transcendentalen Idealismus", in *Schriften von 1799-1801.* Darmstadt, Wissenschaftliche Buchgesellschaft, 1990, p.369.

p.35: Schelling, F. "System des transcendentalen Idealismus", in *Schriften von 1799-1801.* Darmstadt, Wissenschaftliche Buchgesellschaft, 1990, p.370.

p.38: Schelling, F. "System des transcendentalen Idealismus", in *Schriften von 1799-1801*. Darmstadt, Wissenschaftliche Buchgesellschaft, 1990, p.613-4, 616-7.

p.39: Schelling, F. "Darstellung meines Systems der Philosophie", in *Schriften von 1801-1804*. Darmstadt, Wissenschaftliche Buchgesellschaft, 1990, § 1-46.

p.44-5: Schelling, F. "Philosophische Untersuchungen über das Wesen der menschlichen Freiheit und die damit zusammenhängenden Gegenstände", in *Schriften von 1806-1813*. Darmstadt, Wissenschaftliche Buchgesellschaft, 1990, p.301.

p.46-7: Schelling, F. "Philosophische Untersuchungen über das Wesen der menschlichen Freiheit und die damit zusammenhängenden Gegenstände", in *Schriften von 1806-1813*. Darmstadt, Wissenschaftliche Buchgesellschaft, 1990, p.304.

p.48-9: Schelling, F. "Philosophische Untersuchungen über das Wesen der menschlichen Freiheit und die damit zusammenhängenden Gegenstände", in *Schriften von 1806-1813*. Darmstadt, Wissenschaftliche Buchgesellschaft, 1990, p.307 e 296, respectivamente.

p.50: Schelling, F. "Philosophische Untersuchungen über das Wesen der menschlichen Freiheit und die damit zusammenhängenden Gegenstände", in *Schriften von 1806-1813*.

Darmstadt, Wissenschaftliche Buchgesellschaft, 1990, p.314 e 310.

p.51: Schelling, F. "Philosophische Untersuchungen über das Wesen der menschlichen Freiheit und die damit zusammenhängenden Gegenstände", in *Schriften von 1806-1813*. Darmstadt, Wissenschaftliche Buchgesellschaft, 1990, p.309.

p.58: Schelling, F. "Erstes Buch. Einleitung in die Philosophie der Offenbarung, Achte Vorlesung", in *Philosophie der Offenbarung*. vol.1. Darmstadt, Wissenschaftliche Buchgesellschaft, 1990, p.161.

Leituras recomendadas

Os interessados no estudo da filosofia de Schelling encontram pouco material disponível em língua portuguesa. Indico apenas alguns textos de e sobre Schelling que são acessíveis e podem servir de introdução à investigação de sua obra.

Obras de Schelling

Tradução de alguns textos de Schelling que, na sua maioria, abrangem o período da filosofia da subjetividade até a filosofia da identidade:

Obras escolhidas, Col. Os Pensadores. São Paulo, Abril Cultural, 1979.

Os textos abaixo listados referem-se a três importantes temas de sua reflexão filosófica — liberdade, arte e natureza:

A essência da liberdade humana: investigações filosóficas sobre a essência da liberdade humana e das questões conexas. Petrópolis, Vozes, 1991.

Filosofia da arte. São Paulo, EDUSP, 2001.

Idéias para uma filosofia da natureza: prefácio, introdução e aditamento à introdução. Lisboa, Imprensa Nacional/Casa da Moeda, 2001.

Sobre Schelling

BICCA, Luiz. "Do eu absoluto à filosofia da natureza: a trajetória da primeira filosofia de Schelling (1794-1804)" in *Síntese Nova Fase*, n.45, 1989, p.71-88.

Bicca leva em consideração o primeiro decênio da atividade intelectual de Schelling e investiga a influência de Kant no pensamento de Schelling, as questões relativas ao Absoluto e à identidade, bem como a filosofia da natureza.

HEGEL, G.W.F. *Diferença entre os sistemas filosóficos de Fichte e de Schelling*. Lisboa, Imprensa Nacional/Casa da Moeda, Centro de Filosofia da Universidade de Lisboa, 2003.

Importante texto de Hegel, então assistente de Schelling em Jena, que aborda, entre outros temas, a superioridade da posição filosófica de Schelling em relação à de Fichte.

PUENTE, Fernando Rey e Leonardo Vieira (orgs.). *As filosofias de Schelling*. Col. Humanitas. Belo Horizonte, Ed. UFMG, 2005.

Resultado de congresso internacional realizado em Belo Horizonte, os artigos dessa coletânea tentam abranger todas as fases de sua filosofia.

PUENTE, Fernando Rey. *As concepções antropológicas de Schelling*. São Paulo, Loyola, 1997.

Puente estuda as definições cosmológica, (proto-)histórica e teológica do homem.

SCHUBACK, Márcia Sá Cavalcante. *O começo de Deus: a filosofia do devir no pensamento tardio de F.W.J. Schelling*. Petrópolis, Vozes, 1999.

Márcia Schuback lida com a filosofia tardia na perspectiva do problema do começo.

VIEIRA, Leonardo. Filosofia e Absoluto no jovem Schelling, in M. Oliveira, e C. Almeida (orgs.). *O Deus dos filósofos modernos*. Petrópolis, Vozes, 2002, p.223-39.

______. "O início do sistema de filosofia de Schelling", in I. Domingues, P. Margutti e R. Duarte (orgs.). *Ética, política e cultura*. Belo Horizonte, Ed. UFMG, 2002, p.211-228.

______. "Liberdade, dialética e intuição intelectual", in E. Brito e L. Chang (orgs.). *Filosofia e método*. São Paulo, Loyola, 2002, p.19-62.

______. "Substância e subjetividade. Duas formas de reconciliação", *Síntese — Revista de Filosofia*, v.27, n.87, 2000, p.33-57.

Meus textos exploram temas como liberdade, substância, razão teórica, razão prática e idéia de sistema no período da filosofia da subjetividade.

Sobre o autor

Leonardo Alves Vieira nasceu em Belo Horizonte, em 1959. Iniciou os estudos universitários (graduação e mestrado) no Brasil. É doutor em filosofia pela Universidade Gesamthochschule Kassel, na Alemanha, onde defendeu a tese *Liberdade como culto. Aporias e limites da concepção hegeliana da liberdade*. Publicou diversos artigos e livros (ver site abaixo indicado) e atualmente, desenvolve trabalho de discussão online na Internet sobre temas filosóficos. Os resultados dos debates estão disponibilizados em arquivos de som e podem ser gratuitamente acessados. O site ainda fornece textos e arquivos de som das disciplinas ministradas no departamento de filosofia da Universidade Federal de Minas Gerais (UFMG).

Coleção **PASSO-A-PASSO**

Volumes recentes:

Ciências Sociais Passo-a-Passo

O negócio do social [40], Joana Angélica Barbosa Garcia

Origens da linguagem [41], Bruna Franchetto e Yonne Leite

Antropologia da criança [57], Clarice Cohn

Patrimônio histórico e cultural [66], Pedro Paulo Funari e Sandra de Cássia Araújo Pelegrini

Antropologia e imagem [68], Andréa Barbosa e Edgar T. da Cunha

Antropologia da política [79], Karina Kuschnir

Sociabilidade urbana [80], Heitor Frúgoli Jr.

Pesquisando em arquivos [82], Celso Castro

Cinema, televisão e história [86], Mônica Almeida Kornis

Filosofia Passo-a-Passo

Estética [63], Kathrin H. Rosenfield

Filosofia da natureza [67], Márcia Gonçalves

Hume [69], Leonardo S. Porto

Hannah Arendt [73], Adriano Correia

Schelling [74], Leonardo Alves Vieira

Niilismo [77], Rossano Pecoraro

Kierkegaard [78], Jorge Miranda de Almeida e Alvaro L.M. Valls

Filosofia da biologia [81], Karla Chediak

Ontologia [83], Susana de Castro

John Stuart Mill & a liberdade [84], Mauro Cardoso Simões

Filosofia da história [88], Rossano Pecoraro

Teoria do conhecimento [91], Alberto Oliva

Psicanálise Passo-a-Passo

Psicanálise com crianças [75], Teresinha Costa

Feminino/masculino [76], Maria Cristina Poli

Cinema, imagem e psicanálise [85], Tania Rivera

Trauma [87], Ana Maria Rudge

Édipo [89], Teresinha Costa

A psicose [90], Andréa M.C. Guerra

A angústia [92], Sonia Leite

Educação e psicanálise [93], Rinaldo Voltolini

Os outros em Lacan [94], Antonio Quinet

A paixão [95], Marcus André Vieira

Histeria: o caso Dora [96], Nadiá Paulo Ferreira e Marcus Alexandre Motta